꿈이룸코칭
워크북 1
(준비)

꿈이룸코칭
워크북 1

초판 1쇄	2023년 5월 30일

지은이	김성범
그 림	김 령
편집디자인	뉴젠아카데미
발행인	이규종
발행처	엘맨 서울특별시 마포구 신수동 448-6 TEL : 02-323-4060, 02-6401-7004 FAX : 02-323-6416 E-mail : elman1985@hanmail.net www.elman.kr

출판등록 제 10호-1562(1985.10.29.)

값 8,500원

ISBN 978-89-5515-059-9

꿈이룸코칭
워크북 1
(준비)

김 성 범 지음

하나님의 사람을 만들어가는 ELMAN

꿈이룸코칭 부모 감상문

4학년 여현 맘 김필순

저는 큰아이 초등학교 4년쯤에 김성범 소장님께 꿈이룸코칭을 받은 적이 있습니다.

꿈이룸교육 중에는 소장님 얼굴에서 뿜어져 나오는 늘 웃는 얼굴과 밝고 환함이 있었습니다.

꿈돌이학교 교재가 동물 캐릭터에게 내 맘을 투자하여, 무슨 대사를 넣어주면 좋을까? 아이들은 만화 말풍선처럼 이야기를 재밌게 표현해 냅니다. 엄마 입장에서는 아이들의 생각을 엿볼 수 있었고, 아이들은 자신감을 가지게 되는 좋은 과정이었습니다. 우리 딸 여현이의 꿈이름교육을 마치는 소감문을 인용하면, "배우기 전에는 발표도 친구들과 말도 별로 하지 않고, 그냥 학교에서 노는 사람이었다. 그리고 1번 하기 싫은 건 억지로 하는 때 빼곤 안 하였다. 그런데 꿈이룸교육을 다니고 나선, 1번을 하지 않겠다고 했던 걸 가끔씩 용기 내며 도전해 보았다. 그리고 자신감을 갖게 되었다. 그리고 엄마와 아버지께 감사합니다. 왜냐! 1.아빠가 돈을 벌어 꿈이룸을 다니게 해주셔서 2.엄마가 이런 유익한 정보를 알아와 꿈이룸을 다니게 해 주셔서 2014. 8.6 서래초등하교 4학년 2반 김여현" 지금에 와서 생각하니 멋지게 커가는 아이들을 보며 감사할 뿐이다. '꿈이룸코칭'교육이 번창을 기원합니다.

6학년 예은 맘 윤경화

안녕하세요. 자녀교육에 관심을 가지고 있는 안산에 살고 있는 예은 맘입니다.

저희 아이가 꿈이룸코칭을 접한 건 초 4년 때 이었고, 교회 언니들과 교육을 받았습니다. 지금은 중학생이 되었는데, 교육 후의 변화를 생각해보면 발표에 대한 두려움 없이, 자기 자신의 의견을 말한다는 것입니다. 학교의 특성상 다문화 학생들이 많은 학교에서 반대표나, 전교회장 나가기가 쉽지 않은데, 꾸준히 나가면서 부회장은 계속했고 전교 부회장도 당선되었답니다. 이런 작은 도전과 경험들을 할 때마다 본인이 직접 선거 연설문도 써보고, 연습 영상도 찍어보는 등 자신의 도전에 진심어린 모습에 기특하기도 했답니다. 지금 생각해보면 꿈이룸코칭을 할 때, 자신이 생각한 것을 글로 쓰고, 발표할 때 잘했다고 격려와 칭찬, 지지를 받은 활동이 큰 영향을 주었던 것으로 보입니다. 다음세대를 세우는데 꼭 필요한 코칭교육이라고 생각합니다. 추천해 드립니다. 감사합니다.

꿈돌이 학교를 마치며

1학년 1반 신동윤

나는 꿈돌이 학교가 재미있다. 누나랑 노는 게 재미있다. 그리고 형아랑 친해졌다.

2학년 2반 박하엘

꿈돌이는 재미있습니다. 이제 1권을 마치며 2권을 합니다. 꿈돌이 학교가 없어도 파이팅! 하고 1권보다 재미있는 2권이 기대된다. 나는 이런 생각이 든다. 2권은 어떻게 생겼을까? 2권은 더 재미있을까? 등의 생각이 내 생각과 같다. 꿈돌이 학교는 제목 만드는 것도 재밌고, 문장 만드는 것도 재미있었다. 1권을 벌써 마치다니 신기합니다.

3학년 2반 조교빈

꿈돌이 학교 이야기가 재미있고 제가 똘똘해졌어요. 그리고 너무 재밌지만 하준이가 울어서 시끄러웠어요. 새 책이 나와서 정말 재밌어 보였어요. 꿈토끼, 꼬복이, 돌보미 그리고 생각하는 게 재미있었다. 저도 성현이 처럼 편지를 써봤습니다. 선생님 감사합니다. 고맙습니다.

3학년 3반 박하준

그동안 하면서 너무 재밌었고 공부를 하면서 꿈돌이 학교도 해서 재밌었다. 그리고 꿈돌이학교가 너무 재밌었고 공부도 즐거웠다. 그리고 꿈돌이 학교도 재밌었는데 더하고 싶었는데 1권이 끝나서 아까웠다. 하지만 너무너무 재밌었다. 그리고 발표가 재밌었다.

3학년 2반 신나윤

꿈돌이 학교 첫 번째 에디슨은 나쁜 애였지만 착한 여우가 되었다. 발표를 잘하게 되었다. 나쁜 아이가 되지 않게 더 글씨를 잘 쓰게 되겠다. 새로운 책을 했기 때문에 기분이 좋다.

3학년 2반 구성현

이제 마지막입니다. 그래도 새로운 책이 나올 것이다. 새로운 책의 캐릭터는 꿈토끼, 꼬복이, 돌보미입니다. 여러분 저처럼 열심히 공부하고 똑똑하세요. 그리고 우리는 특공대가 될 것이다. 감사합니다. 꿈돌이 학교 사랑합니다. 끝!

꿈돌이 학교를 마치며

4학년 1반 이다혜

꿈돌이 학교가 제일 1위로 재미있었고 꿈돌이 학교 발표를 자주 해서 발표를 학교에서도 잘하게 되었다. 그리고 꿈돌이 학교 쓸 것을 상상해서 상상력이 더 늘어났다. 그리고 재미있었다. 그리고 더 집중할 수 있게 되었다.

5학년 4반 정예슬

꿈돌이 학교 1권을 다 마쳤다. 처음엔 재미없었는데 시간이 지나서 재미도 붙고 학교 발표도 자신감도 생기고 잘하게 돼서 좋다. 이젠 꿈돌이학교 2권을 공부한다. 앞으론 더 열심히 공부할 꺼다. 앞으로 실천한 내용은 1. 글씨 잘 쓰기 2. 학교 열심히 다니기다. 앞으로 열심히 할 꺼다.

5학년 1반 김나혜

저는 꿈돌이 학교 하고 나서 자신감이 더 생겼습니다. 학교에서 발표하는데 너무 부끄럽고 말이 안 나왔는데, 꿈돌이를 하고 발표를 다시 하니까 말이 술술 나와서 정말로 신기하게 느꼈고, 뿌듯한 느낌이 들었습니다. 앞으로도 꿈돌이 학교를 했으면 좋겠습니다. 왜냐하면 자신감이 없고, 소심한 친구를 자신 있게 능력을 키워 줄 것입니다. 꿈돌이 학교를 하고 나서 더 양심이 생겼고, 공부가 더 늘어난 것 같습니다. 앞으로도 꿈돌이 학교를 잘하겠습니다. 감사합니다. 이상입니다.

6학년 2반 이나림

그동안 꿈돌이학교 프로그램을 마치며 여러 이야기를 배우고 수많은 지식과 이야기를 알게 되었고 거기서 함께 해온 친구들과 웃고 떠들며 함께 해 왔습니다. 몇몇 친구들은 꿈돌이 학교에선 못 보겠지만 새로운 시작을 시작할 걸 보니 가슴이 벅차 울립니다. 또한 1권을 하여 인상 깊은 내용을 소개하겠습니다. 저는 그 동안에 내용이 유익해서 다 뽑아도 이상하지 않지만, 한번 소개해보겠습니다. 저는 부모님을 효도하라는 내용입니다. 꿈돌이 학교 중간 중간 다 강조되었고 예전에 배운 내용이지만 저는 제가 생각하기로 가장 중요하고 잊지 말아야할 내용 중 하나입니다. 그리고 꿈돌이학교를 하며 자아성찰을 했습니다. 처음엔 너무 힘들고 제 자신이 부끄럽고 마치 고문 같았습니다. 하지만 꿈돌이 학교를 하다 보니 점점 제 자신을 알게 되었고 그 괴롭고 힘든 자아성찰도 잘하게 되었습니다. 이제 소감문을 마치며 선생님과 친구들에게 감사합니다. 이상입니다.

Find 'I' the great and awesome
멋지고 훌륭한 '나'를 찾자

1

1. 꿈이룸코칭 5가지 원칙

▨ 시선 집중
 - 시선을 집중함으로 좋은 분위기가 만들어집니다.

▨ 인사 예절
 - 인사는 어색한 분위기를 자연스런 분위기로 바꾸어 줍니다.

▨ 박수 참여
- 박수는 참여함을 말하며 박수 찬스를 정확하게 알고 치면
  분위기를 한층 더 고조시킬 수 있습니다.

▨ 자신감 준비성
- 청소년들이 남들 앞에 서기를 꺼립니다.
  경험이 많으면 매사에 자신감이 생깁니다. 준비된 자는 자신감이 있습니다.

▨ 행동은 그 즉시
- 준비된 행동은 그 즉시 실행에 옮깁니다.

2. 7가지 모듈

1) 멋지고 훌륭한 '나'를 찾는다.

2) 나의 비전을 선포한다.

3) 자신감 있는 긍정 마인드를 체험한다.

4) 부모님께 인정받는 시간 관리를 선포한다.

5) 나만의 "습"을 선포한다.

6) 부모님을 기쁘시게 하는 멋진 리더임을 선포한다.

7) 주님이 기쁘시게 행동한다.

3. 꿈이룸코칭 자존감 향상 이벤트

1) 성공습관을 실행하자

· 효, 인성, 학습 실행력을 높이는 오프라인 체험 워크숍
· 성공적 실천을 위한 다양한 액티비티-게임 토론 발표 체험
· 코칭 후 지속적인 피드백
· 실천력을 높이는 오프라인 워크북 활용
· 비전과 꿈, 목표관리의 계속성
· 긍정습관을 만드는 실천 프로젝트 20가지

4. 꿈이룸코칭 교육효과

기본단계 – 참여·깨달음 코칭	
집중력 향상	시선의 원칙을 천명함으로 늘 코치와 시선을 마주치는 훈련으로, 학교 수업시간에 집중하는 효과를 가져옴
환하고 밝은 표정	인사의 원칙을 천명함으로 항상 웃는 얼굴과 건강하고 밝은 생활을 하도록 이끌어 줌
적극 참여	박수의 원칙을 활용하여 늘 긴장감 조성으로 적극 참여 유도
자신감 획득	자연스럽게 발표에 참여하여 자신감 획득
자기 사랑	나 자신을 칭찬, 인정하여 내 안에 잠든 나를 깨워줌
어휘력 향상	한 줄 내 생각으로 이해력과 어휘력 증진 효과를 가져옴
글쓰기 능력 향상	한 챕터 끝날 때마다 자신의 생각을 글로 표현함으로 글쓰기 능력이 향상됨
지혜의 깨달음	꿈이룸코칭을 통하여 자신의 지혜를 넓혀나감
창의력 향상	궁금증 교육으로 생각의 전환, 창의성 계발에 도움
칭찬 습관	칭찬, 인정 등 자존감, 자신감 향상의 극대화
사고혁신	고정관념에서 벗어나 새로운 세계로의 여행

5원칙 선포

✿ 시선 집중

➡ 시선을 줌으로써 집중할 수 있는 분위기가 만들어집니다.

집중의 의미 : 어디에 집중할까요?

(칠판에, 선생님에, 하는 일에, 미래의 꿈에, 말씀에, 집중한다는 점을 함께 공유)

✿ 인사 예절

➡ 인사는 서로 간의 어색한 분위기를 자연스러운 분위기로 바꾸어 놓게 됩니다.

예절의 의미 : 악수 예절을 지도합니다.

- 또한 인사는 내가 먼저라는 멘트를 하게 하고, 옆 사람 또는 두세 사람과
  인사를 나누도록 지도합니다.

(반가워, 좋은 하루, 오늘도 열심히 등등을 지도사가 외침)

✿ 박수 참여

➡ 박수는 참여하는 좋은 수단이 되며, 박수 치는 이유와 박수 치는 때를 정확
하게 알면 수업 분위기를 한층 더 고조시킬 수 있습니다.

참여의 의미 : 함께함을 말합니다. 박수를 잘 치고 있다는 것은 지금의 환경
과 공감하고 함께한다는 의미입니다.

- 박수 치는 요령을 가르쳐줍니다. 박수는 언제 칠까요? 라고 질문을 합니다.
  다양한 대답이 나오지만 치라고 할 때 치는 겁니다. 하며
  박수를 치라고 하면 웃음과 함께 박수를 치게 됩니다.
- 그리고는 지도사는 환영해 주셔서 감사합니다.라고 인사를 합니다.

✽ 자신감 준비성

➡ 대다수의 청소년들이 대중 앞에 서기를 꺼립니다.

- 남들 앞에 서 본 경험이 적으면 매사에 자신감이 부족하게 됩니다.

- 자신감 원칙으로 자연스럽게 단상에 나오는 경험을 하게 됩니다.

  준비성의 의미 : 자신감은 준비성을 갖출 때만 나온다고 설명합니다.

- 준비가 부족한 사람은 자신감이 없다고 말합니다.

- 꿈돌이 학교를 하면 발표와 준비를 잘하게 되어 학교에서나,
  어디에서든지 자신감 있게 발표할 수 있다고 지도합니다.

✽ 행동은 즉시로

- 다른 말이 필요 없습니다. 몇 번 반복적으로 복창하면 됩니다.

코칭의 시작

➡ 한 단원을 같이 읽고 생각을 공감합니다.

- 질문에 대한 생각을 각자 쓰도록 지도합니다.

- 잘 이해를 못 하는 친구는 손들게 하고, 손을 들면 옆에 가서 생각할 수
  있도록 질문으로 유도합니다.

- 그리고 먼저 옆에 한 친구에게 가르쳐주라고 지도합니다.

➡ 먼저 다한 친구는

- 꿈돌이 학교 말풍선을 만들게 합니다.

- 먼저 작성한 친구부터 발표하도록 합니다.

*두 명 이상일 때는 가위바위보로 결정한 후, 발표·지도합니다.

발표 방법

➡ 인사를 하게 합니다.

   -인사는 먼저 45도로 인사하게 한 다음 안녕하십니까?

    저는 _____ 다니는 _____ 입니다.

    지금부터 _____ 에 대해서 말씀드리겠습니다.

    *만약 안녕하세요. 하고 인사하였다면 다시 안녕하십니까? 로 반드시
    바꿔서 인사하도록 지도합니다. 또한 인사한 후 안녕하십니까? 를 하
    도록 지도합니다.

   - 잘못하면 다시 원칙대로 인사하도록 지도합니다.

➡ 준비한 말풍선 내용을 다 발표한 후에

   - 마지막 멘트로는 이상 저의 _____ 였습니다. 감사합니다.

   *박수를 유도합니다.

➡ 그리고 다음 사람을 시키면 됩니다.

   - 지도사는 집중하여 들으면서 발표하는 아이의 창의적 생각에 맞장구
    를 쳐줍니다.

➡ 그리고 친구들이 잘 알아듣도록 신경을 써야 합니다.

➡ 모두 마치고는 오늘의 슬로건을 아이들과 함께 만들어 냅니다.

➡ 뒷정리를 잘 한 다음 큰 소리로 복창하고 마무리합니다.

1. 동기부여 5원칙을 교육할 때마다 설명해주고 반복·복창하게 합니다.

2. 아이의 생각이 기대치에 못 미쳐도
   그래 지금은 20%, … 오! 이제 50% 조금만 더, … 와우! 70%, 박수 ~~
   긍정적인 방식으로 호응하며 사기를 올려줍니다.

3. 퀴즈의 정답을 유도하며 초성으로 힌트를 주어 생각의 폭을 넓혀주세요.

4. 한 단원이 끝나면 반드시 '한 줄 내 생각'을 짧은 글로 정리하게 해주세요.
   그리고 자신이 정리한 글을 발표하도록
   지도자는 아이에게 다가가 '손 마이크'를 대줍니다.
   그리고 '오 좋은 생각!' 하며 칭찬해 줍니다.

5. 아이들이 앞에 나와서 발표할 때는, 태도와 인사법, 목소리 크기, 시선
   처리를 잘하도록 세심하게 지도하여 주세요.

6. 발표를 마치면 아이에게 열정 포인트(스티커)를 부여해서 기를 살려주
   세요. 포인트가 쌓여 시상으로 이어지면 교육의 효과가 크게 드러날 수
   있습니다.

Ⅰ. 자랑스러운 나 찾기
리더십이란?

1. 좋은 사람은?

1) 인성의 뜻이 무엇인지 알아보자.

'인성'은 사람의 성품과 성질, 됨됨이를 말합니다. 또한 사물이나 현상이 본래부터 가지고 있는 고유의 본바탕을 말합니다. 그러므로 인성은 성품이며, 됨됨이, 고유의 본바탕을 뜻합니다. 이에 청소년은 여러 사람이 함께 생활하는 가정이나 학교 등에서 인성이 매우 중요하다는 점을 인식해야 합니다.

2) 인성이 좋은 사람이 되려면 어떻게 하는 것이 좋을까?

세 가지만 적어본다.

 ①

 ②

 ③

3) 세 가지 중 한 가지를 선택하여 발표를 해보자.

4) 하고 싶은 말을 생각나는 대로 적어보자.

시선, 인사, 박수, 자신감

꿈돌이 학교

이 시간 이후 실천할 내용

	확 인 란
1.	
2.	
3.	

2. 어떠한 사람들이 훌륭하다고 생각하는가?

	훌륭한 사람들의 특징을 알아보자.	
1		ㄱ ㅂ ㅅ ㅍ
2		ㄴ ㅊ ㅋ ㄹ ㅁ
3		ㅇ ㅎ ㅈ ㅌ ㄷ
4		
5		

훌륭한 사람들을 우리 주변에서 찾아보자.

	어떠한 일에 종사하는 사람들이 훌륭할까?	
1		
2		
3		
4		
5		

20 년 월 일

시선, 인사, 박수, 자신감

꿈돌이 학교

이 시간 이후 실천할 내용	
	확 인 란
1.	
2.	
3.	

3. '당당함'이란 무엇인지 내 생각을 적어보자.

당당함이란? 내 자신이 남 앞에 내세울 만큼 모습이나 태도가 당당한 것을 말합니다.

순 번	목록 내용
	아래 항목의 빈칸에 내 생각을 적어보자.
1	친구들 사이에서 당당한 행동을 적어보자.
2	미래계획을 세우게 되면 어떤 점이 당당해질까?
3	좋은 일을 자주 하면 어떤 사람이 될까?
4	남들 앞에서 당당해지려면 어떻게 해야 할까?

꿈돌이 학교

이 시간 이후 실천할 내용	
	확 인 란
1.	
2.	
3.	

4. 위 내용을 공부하고 당당한 모습을 말해 보자.

1. 집에서	2. 학교에서
3. 나 자신의 행동에서	4. 친구 사이에서

당당한 나의 생각 말하기

1. 지금부터 제 생각을 말씀드리겠습니다.

2. 오늘 배운 내용에 대해서 저는

라고 생각합니다.

3. 이에 대한 실천 다짐은

입니다.

4. 또한 이 다짐을 실천함으로써 저에게는   도움이 되리라고
확신합니다.

여러분도   했으면 하는 바람입니다.

감사합니다.

20	년	월	일

시선, 인사, 박수, 자신감

꿈돌이 학교

이 시간 이후 실천할 내용	
	확인란
1.	
2.	
3.	

장벽 제거

1. 그럭저럭의 내용을 생각해 보자

그럭저럭의 뜻이 무엇일까?

1	예) 생각 없이, 대충대충, 계획 없이 ...
2	
3	

그럭저럭 살아가는 사람들에 대해서 적어보자

1	
2	
3	
4	

나의 그럭저럭 행동을 찾고 적어본다

1	
2	
3	
4	
5	

세 가지 그럭저럭을 긍정으로 바꿔본다

1	
2	
3	

시선, 인사, 박수, 자신감

꿈돌이 학교

이 시간 이후 실천할 내용	
	확 인 란
1.	
2.	
3.	

꿈과 소망을 선포하는 나

이름 (   )

1. 희망을 꿈꾸는 나

희망이란? 앞으로 다가올 미래에 대해서 좋은 결과나, 이루어지기를 기대하고
바라는 것

나 자신이 하고 싶은 것 쓰기	

2. 하고 싶은 것 중 세 가지만을 정해서 친구들 앞에서 큰 소리로 발표해 보자.

제가 가장 하고 싶은 것 세 가지를 이야기하겠습니다.	
1	
2	
3	

시선, 인사, 박수, 자신감

꿈돌이 학교

이 시간 이후 실천할 내용

	확 인 란
1.	
2.	
3.	

훌륭한 나

1. 희망을 찾고 선포하기

1) 한 달 안에 반드시 이루어지길 바라는 것 한 가지

예) 용돈 올려주는 것

2) 위 희망사항이 어떻게 하면 이루어질 수 있는지 방법을 생각해 보자.

① 예) 엄마 심부름하기

②

③

④

⑤

3) 위 희망사항 해결책에 대한 나의 행동 다짐

시선, 인사, 박수, 자신감

꿈돌이 학교

이 시간 이후 실천할 내용	
	확 인 란
1.	
2.	
3.	

2. 친구 장·단점 찾기

1) 부모님께서 생각하시는 나의 단점 세 가지 이상 쓰기

2) 짝꿍의 장점 5가지 이상을 찾아 쓰기

3. 나의 특별한 장점을 알아보자.

1) 나의 장점(훌륭한 점) 열 가지를 찾아 적어보자

순서	잘하는 것, 좋아하는 것, 할 수 있는 것, 해본 것, 계획한 것,
1	
2	
3	
4	
5	
6	
7	
8	
9	
10	

이 시간 이후 실천할 내용	
	확 인 란
1.	
2.	
3.	

4. 좋은 습관 다섯 가지를 쓰고 발표해 보자.

◤◤ 좋은 습관 다섯 가지

1.

2.

3.

4.

5.

좋은 습관 발표문

20 　　　년 　　　월 　　　일
시선, 인사, 박수, 자신감

꿈돌이 학교

이 시간 이후 실천할 내용	
	확 인 란
1.	
2.	
3.	

꿈이룸코칭 다짐서

학교   반 이름:

나는

다짐한다.

20 .   .

작성자   인

시선, 인사, 박수, 자신감

꿈돌이 학교

이 시간 이후 실천할 내용	
	확 인 란
1.	
2.	
3.	

Ⅱ. 역할 및 관계를 아는 나
고 객

1. 부모님, 웃어른과 나의 관계를 알아본다.

1) 부모님과 나의 관계에 대하여 서로 이야기해 보자.

　예) 가족관계

2) 웃어른은 누구누구라고 생각하는가?

　예) 할아버지

3) 부모님의 고마운 점 열 가지씩 찾아 적어본다.

어머니	아버지

시선, 인사, 박수, 자신감

꿈돌이 학교

이 시간 이후 실천할 내용	
	확 인 란
1.	
2.	
3.	

4) 부모님이 기뻐하시는 일들

부모님을 기쁘게 하는 십계명

나는 부모님을 기쁘게 해 드리기 위해

하나, 아침에 _____ 시에 스스로 일어난다.

둘, 일주일에 적어도 _____ 회 이상 _____ 을 한다.

셋, 날마다 아침에 _____ 골고루 먹는다.

넷, 주말에는 부모님과 함께하며 _____ 지 않는다.

다섯, 친구들과 싸우지 않고 _____ 도 하지 않는다.

여섯, 친구들에게 _____

일곱, 부모님이 좋아하시는 _____ 등을 한다.

여덟, _____ 운동을 _____ 하여 부모님을 기쁘게 해 드린다.

아홉, 불필요한 _____ 행동 등은 하지 않는다.

열, 자기 전에 _____ 등을 하여 칭찬받는다.

20 년 월 일

시선, 인사, 박수, 자신감

꿈돌이 학교

이 시간 이후 실천할 내용

	확 인 란
1.	
2.	
3.	

<내 생각 선포하기>

1. 지금부터 부모님께 제 생각을 말씀드리겠습니다.

2. 엄마, 아빠 제 부탁은요   말라는 것입니다.

3. 이 부탁의 다짐은

   할 일은 제 스스로 하겠다는 것입니다.

4. 엄마, 아빠께서도 저와 관계가 좋아지는 데 노력해 주세요.

   다시 한 번 부탁드릴 말씀은   말아 달라는 것입니다.

   앞으로는 더욱더 사랑받는   가 되겠습니다.

   감사합니다.

20	년	월	일

시선, 인사, 박수, 자신감

꿈돌이 학교

이 시간 이후 실천할 내용	
	확 인 란
1.	
2.	
3.	

2. 선생님, 친구, 나 자신의 관계를 알아보자.

1) 선생님과 어떠한 관계로 생활하면 좋을까?

2) 스승과 선생님은 어떤 차이가 있을까?

3) 친구들이 선생님을 어떻게 생각하고 있는지 알아보자.

4) 존경하는 스승님을 만들려면 우리는 어떻게 해야 할까?

5) 학교에서 선생님을 어떻게 대하는 것이 바람직할까?

20	년	월	일

시선, 인사, 박수, 자신감

꿈돌이 학교

이 시간 이후 실천할 내용	
	확 인 란
1.	
2.	
3.	

6) 친구와 나의 관계를 알아보자.

예) 소중한 관계이다.

7) 나 자신이 어떤 사람이라고 생각하는가?

8) 나 자신이 잘하는 점들은 무엇, 무엇들이 있는가?

9) 세상에서 가장 훌륭한 고객은 누구인가?

10) 훌륭한 고객이 되기 위해서 나는 무엇을 해야 하는가?

시선, 인사, 박수, 자신감

꿈돌이 학교

이 시간 이후 실천할 내용	
	확 인 란
1.	
2.	
3.	

1. 예절 바른 사람들 조사하기

'예절'은 예의와 범절을 아울러 이르는 말이다. 사회생활이나 사람 사이의 관계에서 존경받는 사람이 되기 위해서는 예의를 갖추고, 말투나 몸가짐을 바로 해야 한다. 그러므로 예의에 대한 규범이나 도리에 맞는 '규범'은 마땅히 따라야 하거나, 따를 만한 본보기를 배워야 한다.

 1) 예의 바른 사람들에 대해서 이야기해 보자.

　　예) 항상 겸손한 사람

 2) 우리들이 지켜야 할 예절을 알아보자.

　　예) 웃어른 공경하기

2. 질서는 무엇이며 어떻게 지켜야 하는가?

　　예) 질서는 사물들의 규칙적인 배치나 배열을 말합니다.

 1) 질서를 지켜야 하는 곳들은 주로 어디인가?

　　예) 버스나 전철 탈 때

 2) 질서가 없으면 우리들이 살아가는데 어떠한 점이 불편할까?

 3) 기초 질서는 어떻게 지키는 것이 바람직한가?

　　예) 무단횡단하지 않기

시선, 인사, 박수, 자신감

꿈돌이 학교

이 시간 이후 실천할 내용	
	확 인 란
1.	
2.	
3.	

3. 올바른 태도를 가지려면?

'태도'란? 어떤 일이나 상황에 직면했을 때 가지는 입장이나 자세를 말한다. 청소년시절의 태도는 평생 동안 삶의 귀중한 자산이 된다. 학교생활이나, 사회생활에 있어서 태도가 중요한 이유는 서로 간의 관계 속에서 행동으로 표출되어 인성의 척도가 되기 때문이다.

1) 올바른 태도는 우리들의 어떠한 환경에서 필요한지 알아보자.

　　예) 친구들하고 뛰어놀 때

2) 올바른 태도는 우리에게 어떤 영향을 미칠까?

　　예) 사람의 됨됨이의 기준에 영향을 미친다.

3) 올바른 태도로 생활화하기 위해서는 어떻게 해야 할까?

　　예) 선생님 말씀을 잘 듣고 배운다.

시선, 인사, 박수, 자신감

꿈돌이 학교

이 시간 이후 실천할 내용	
	확 인 란
1.	
2.	
3.	

본분이 무엇인지 바로 알자

1. 때와 시기에 대한 소중함 알기

농부가 봄에 씨앗뿌릴 때, 즉 시기를 놓치면 안 된다. 농부들은 씨를 뿌릴 시기와 거둘 때를 잘 알고 있다. 제때에 씨앗을 뿌려야, 과실을 맺고 결실할 수 있다. 이처럼 청소년 시기에도 공부나, 운동, 책을 읽을 때와 시기가 있다.

1) 때와 시기에 대한 뜻을 알아보자.

　때의 뜻은 시간상의 어떤 순간이나 부분을 말한다.

　시기의 뜻은 어떤 일을 하는 데에 적당한 때나 기회를 뜻한다.

2) 청소년 시기는 어떤 일을 해야 하는가?

　예) 마음껏 뛰어논다.

3) 우리에게 주는 교훈, 한 가지씩 발표하자.

이 시간 이후 실천할 내용	
	확인란
1.	
2.	
3.	

2. 나의 본분과 효도계획 세우기

'본분'의 뜻은 본래의 직분에 따른 책임이나 의무를 말한다. 그리고 '직분'은 직무상의 본분을 뜻한다. 또한 '직무'는 맡은 바 임무를 말하는 것으로 내가 해야 할 일들을 말한다. 청소년기에는 부모님 말씀 잘 듣기, 공부와 운동을 열심히 하고, 자신이 할 일을 잘하는 것이 본분이다.

1) 우리들의 본분에 대해서 이야기해 보자.

예) 우리들의 본분은 부모님께 효도하기

2) 본분을 다하기 위해서 노력할 점, 발표해 보자.

3) 나만의 효율적인 공부법과 공부태도를 알아보자.

공부는 내가 시간을 정해 놓고 스스로 하는 것이 바람직하다.	
1	예) 아침에 일찍 일어나서 30분 정도 책을 읽는다.
2	
3	
4	
5	
6	

시선, 인사, 박수, 자신감

꿈돌이 학교

이 시간 이후 실천할 내용	
	확 인 란
1.	
2.	
3.	

3. 부모님을 기쁘게 하는 효를 배워보자.

1) 정직한 태도와 바른 마음으로 효를 실천한다.

2) 기초질서 및 약속의 중요성을 인식하고 효 실천을 선행한다.

3) 오늘 일을 내일로 미루지 않는 것도 효 실천임을 깨닫는다.

4) 웃어른을 공경하고 전화 드리기로 효를 실천한다.

5) 부모님의 고마움을 생각하고 보답하도록 한다.

6) 스승의 고마운 점을 인식하고 선행을 보인다.

7) 이웃을 사랑하고 베풀며, 불우이웃돕기 실천을 생활화한다.

8) 어떠한 일에도 적극 참여하고 궂은일은 먼저 하도록 한다.

9) 사회를 위한 뚜렷한 목표를 세우는 유·청소년이 된다.

10) '나'보다 '우리'를 생각하며 매사에 적극적으로 행동한다.

시선, 인사, 박수, 자신감

꿈돌이 학교

이 시간 이후 실천할 내용	
	확 인 란
1.	
2.	
3.	

효에 대한 소감문을 적어보자

☀ 부모님을 기쁘게 하는 법

☀ 뚜렷한 목표 정하기

☀ 효 실천 원칙 중 한 가지 선택하여 게임을 하도록 한다.

유치부이거나 초등학교 저학년이면 효도에 관련된 단어를 써도 좋습니다.

<꿈이룸코칭 소감문>

꿈이룸코칭 1권을 마치며

학교　　반 이름 :

20　　.　　.
작성자　　　　　　인

Proclaim my Vision

나의 비전을 선포하자

소 속

이 름